Faut Voir

ALBUM EN COULEURS

Par

A. Guillaume

H. SIMONIS EMPIS, Éditeur

PRÉFACE
DE
Auguste Germain

Faut Voir

DU MÊME AUTEUR

Des Bonshommes (PREMIÈRE SÉRIE).

P'tites Femmes.

Des Bonshommes (DEUXIÈME SÉRIE).

Mémoires d'une Glace.

EN PRÉPARATION

Mes Campagnes.

Faut Voir

ALBUM EN COULEURS

Par A. Guillaume

PRÉFACE
DE
Auguste Germain

H. SIMONIS EMPIS, Éditeur
21, RUE DES PETITS-CHAMPS, 21
PARIS

IL A ÉTÉ TIRÉ DE CET ALBUM

Vingt-cinq exemplaires sur *papier du Japon* numérotés à la presse

PRÉFACE

Il fut de mode un instant, quand florissait le lourd Naturalisme, de décréter que quiconque s'appliquait à reproduire « le Parisianisme » était indigne du titre d'artiste. Cet ukase ne visait pas seulement la Littérature; il s'adressait aussi aux dessinateurs, aux peintres et aux sculpteurs. A cette époque, l'esprit épais de la province semblait vouloir conquérir le boulevard; la photographie des amours d'une charcutière et d'un porteur d'eau, avec, comme décor, une chambre au cinquième étage d'un faubourg, constituait, paraît-il, une attraction indéniable, bien plus intéressante que la passion d'une jeune femme du monde vive, spirituelle et intelligente avec un gentleman instruit et curieux d'art, comme nous en coudoyons parfois dans les clubs. Affaire de mode. Une réaction s'est faite. On comprend maintenant qu'il y a tout de même plus d'intérêt à mettre en scène des gens raffinés et intelligents que des lourdauds vulgaires et obtus. Si la province règne encore au Palais-Bourbon, en art, Paris et les Parisiens reprennent leurs droits; l'Esprit reconquiert les positions un instant trop facilement abandonnées à une poignée d'Auvergnats aux lourds souliers ferrés.

Et, symptôme rassurant, ce ne sont pas seulement les anciens qui vont à cette réaction; les jeunes gens s'y mettent avec une belle ardeur conquérante, épris des élégances, mais raillant le snobisme, vifs et narquois, allant jusqu'à une pointe de caricature, mais s'arrêtant à la limite qui les faisait tomber dans la charge commune.

De tous les dessinateurs de l'heure actuelle, Albert Guillaume est un de ceux qui résument le mieux cet état d'esprit. C'est d'abord un observateur à l'œil pénétrant qui, soit sur le boulevard, soit dans les milieux mondains, saisit, avec une extrême acuité, les travers et les ridicules des fantoches s'agitant devant lui. Mais comme il a l'intelligence vive et la plaisanterie délicate, son crayon reproduit avec un tact infini, sans jamais appuyer trop, les côtés légèrement caricaturaux de ses modèles. S'il ne s'esclaffe pas bruyamment, il n'est pas non plus amer. Il possède le joli sourire du Parisien ironique qui sait que dans la vie tout n'est que convention, et que la comédie vaut mieux que le drame. Il a médité le mot de Henri Heine qu' « avec les grandes douleurs on fait de petites chansons ». Et au lieu de noter les grandes douleurs, il compose de jolies chansons au crayon, en quelques couplets, telles que celle qui nous représente, assis à une table de baccarat, un banquier perdant ou gagnant la forte somme, alternativement, selon que sa femme le trompe.

Puis il reproduit avec un rare bonheur les beaux jeunes hommes aux raies qui descendent dans le cou et les messieurs plus âgés à favoris poivre et sel, sanglés dans des redingotes pour « hommes d'honneur » qui lorgnent complaisamment les belles Madames, vernissées et revernissées, admirablement teintes et peintes, très raides dans le corset qui les emprisonne comme une armure, passant avec une sérénité olympienne à travers la cohue des gentlemen empressés auprès d'elles. Mais à côté de ces représentantes officielles d'une beauté qui ne reste peut-être qu'à l'état de souvenir, de ces gloires chevronnées et toujours dignes sous le fard, il crayonnera la Parisienne espiègle et vivante, aux bandeaux blonds, dont les mèches ainsi que le chapeau semblent vouloir toujours s'envoler par-dessus bien des moulins, il fera revivre ces frimousses aux yeux énormes, au nez spirituel, à la petite bouche moqueuse, que nous entrevoyons à chaque minute sur le boulevard, produits pimpants et froufroutants que nulle ville au monde que la nôtre ne possède et qui, ayant la mollesse d'attitudes des chattes, en ont aussi les perfides et énigmatiques sourires.

Joie des yeux, joie de l'esprit. Telle est, résumée en deux mots, la sensation que nous donne, lorsque nous le parcourons, l'album léger d'Albert Guillaume. Et cet enchantement provient, ainsi que je l'ai dit, de ce qu'il est imprégné de parisianisme.

Allez voir en effet les Chinois et les Japonais s'entr'égorger, allez chasser l'éléphant dans les forêts profondes, allez dans les grisantes mines d'or, où les gens, attablés devant des gins et des wiskys violents, jouent aux dés, le revolver au poing; parcourez les mers terribles que troublent les cyclones; escaladez des montagnes; rôtissez sous des ciels de feu; grelottez sous les glaces des pôles; lancez-vous à la conquête du monde et parcourez-le en tout sens. De tout ceci, vous rapporterez des sensations neuves et violentes, des souvenirs d'un coloris et d'une intensité exagérés. Et je vous approuverai d'avoir tenté ces traversées, ces chevauchées folles à travers des espaces inconnus.

Mais dites-moi, ô Parisien de Paris, lorsque vous aurez vu toutes ces merveilles, lorsque vos yeux seront emplis des tons violents de paysages farouches, dites-moi, si, à votre retour, vous ne serez pas moins ému, lorsqu'un soir, vers cinq heures, au commencement des tiédeurs printanières, vous verrez le boulevard grouillant de monde, avec ses femmes retour des magasins, un paquet noué d'une faveur rose à la main, avec ses horizontales trop parfumées, ses hommes coquettement habillés chez les faiseurs, flâneurs paresseux que coudoie la cohorte des gens affairés; avec ses cafés bondés de monde aux terrasses, les voitures de maître filant au grand galop et les fiacres trottinants, et les *four-in-hand* de courses attelés de six chevaux dont les sonnailles retentissent comme un chant de triomphe en faveur du jeu; cependant que, là-bas, derrière la Madeleine, un ciel rose et jaune, de couleur délicate, aux nuances changeantes ainsi qu'un pan de jupe d'une Loïe Füller, se meurt doucement, laissant tomber de la gaîté, de l'esprit et de la tendresse ? A ce moment, vos souvenirs se préciseront davantage, mais pour exalter mieux la minute présente. Car l'âme de Paris est une et immortelle. Tous ceux en qui elle a soufflé, sont des êtres d'instinct plus vif et plus affiné. Depuis le trottin jusqu'à la mondaine, elle grandit et magnifie toutes les autres âmes qu'elle toucha. Elle les rendit artistes, elle leur fit comprendre ce qu'est le culte du Goût et de la Beauté. Et ceux qui osèrent nier son pouvoir et sa puissance méritèrent le gigantesque bonnet d'âne dont les oreilles de Midas furent coiffées. Car ils nièrent l'Art triomphant, l'Esprit victorieux, l'Amour puissant, trilogie sublime sans laquelle le Néant serait préférable à la Vie.

AUGUSTE GERMAIN

A L'OPÉRA. — CEUX QUI REGARDENT, CEUX QU'ON REGARDE
ET CEUX QUE ÇA NE REGARDE PAS...

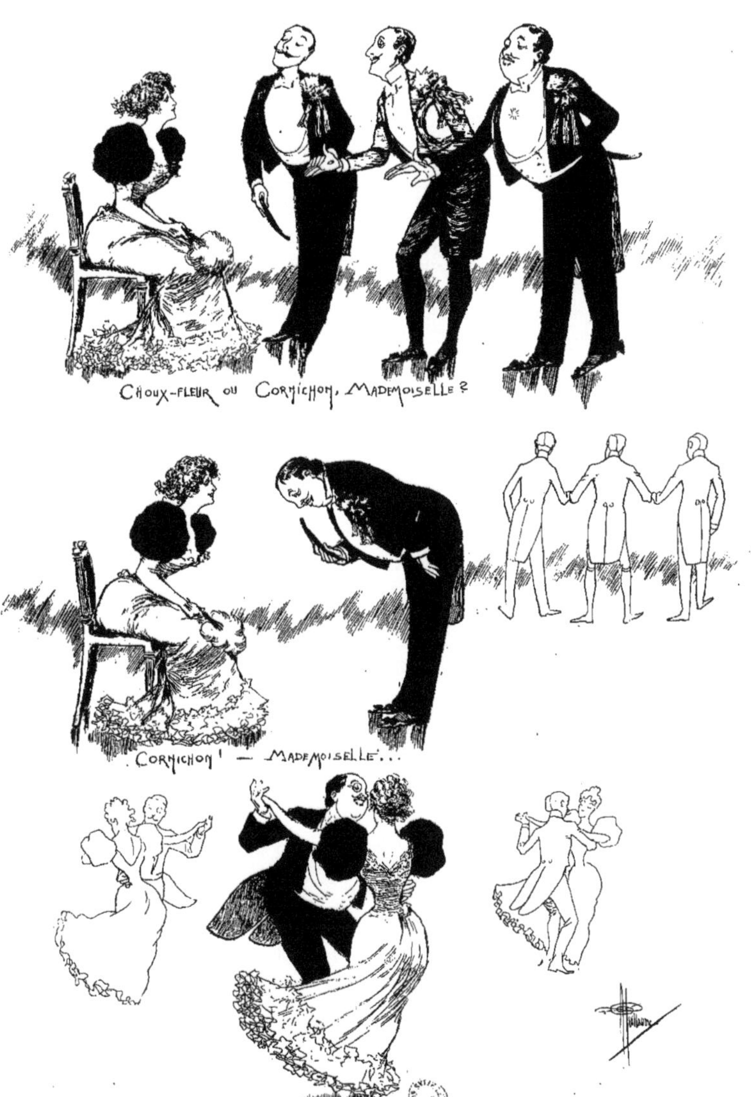
CHOUX-FLEUR OU CORNICHON, MADEMOISELLE?
CORNICHON! — MADEMOISELLE...
COMMENT AVEZ VOUS PU DEVINER, MADEMOISELLE, QUE C'ETAIT MOI CORNICHON?

LA CARTE-PORTRAIT

Comme c'est curieux, Aglaé : voilà une dame que je ne connais pas du tout, qui m'envoie
sa carte-portrait... et son adresse ! C'est très curieux...

Démasqué. — Je dois prévenir Madame que cette carte-portrait n'est pas ressemblante du tout :
Au lieu du banquier que Madame pourrait croire, on dirait d'un élève des Beaux-Arts endimanché...

Très gênante pour les affaires d'honneur, on ne peut plus donner la carte d'un ami...

CIEL ! MON MARI !.
COUCOU !
AH ! LA VOILA

VEUILLEZ M'EXCUSER, MADAME, JE RECONNAIS M'ÊTRE TROMPÉ...

LES EXCUSES

Train manqué, désolé, serai retour demain.

Ton Charles

Mon pauvre coco en sucre, tu vas m'en vouloir et tu auras bien tort, car il n'y a pas de ma faute. Je suis obligé de renoncer au petit voyage que je t'avais promis : je suis appelé en toute hâte au chevet d'une parente dé province, etc., etc.

Chère Madame, au dernier moment, le plus fâcheux contretemps vient me priver du plaisir d'accepter votre si gracieuse invitation, etc., etc.

Mon Alfred chéri, ne viens pas cet après-midi comme nous étions convenus, j'ai une migraine affreuse, je t'écrirai et t'embrasse comme je t'aime,

Ta Jeanne.

Mes chers parents, j'aurais bien voulu aller vous embrasser pendant ces quelques jours de vacances! Mais les examens approchent et j'ai tant à travailler que je n'ai plus une minute à moi, etc., etc.

Chère Madame, vous me voyez désolé de ne pouvoir me rendre à votre aimable invitation : je suis cloué au lit par mes maudits rhumatismes et le docteur me prescrit un repos absolu, etc., etc.

AVANTAGES ET INCONVÉNIENTS DE LA CHIROMANCIE MONDAINE

ALLÔ! BONJOUR MON CHÉRI, JE M'ENNUIE BIEN TOUTE SEULE... SANS TOI! COMME TU ES GENTILLE! ALLÔ! JE TÂCHERAI D'ÊTRE LIBRE CE SOIR! ALLÔ! ALLÔ!
JE SUIS SI MALHEUREUSE QUAND TU N'ES PAS LÀ! ALLÔ! N'OUBLIE PAS D'APPORTER CE QUE TU M'A PROMIS! ALLÔ, ALLÔ! COMPTE SUR MOI, MA MIGNONNE, EMBRASSE TON ADOLPHE!
ALLÔ! JE T'ENVOIE UN GROS BAISER! TIENS... OUI, ALLÔ, JE L'AI ENTENDU!

PEINTURE
SCULPTURE
ACHITECTURE

MORNING TUB ...
(ON FRAPPE) — «... TREZ!..»
OH! PARDON, BELLE-MAMAN, J'AI CRU QUE C'ÉTAIT LA BONNE...

CELUI QUI FAIT DE SI JOLIS VERS...

D'OU VIENT LA VEINE POURTANT !...

UNE LETTRE D'AMOUR

MAIS, MAMAN, NOUS JOUONS A LA MAIN CHAUDE !..

... Madame, si vous n'étiez pas une femme, je... je vous parlerais comme on parle à un homme !

... Vous oubliez mon âge, cher baron. Ce sport est interdit à toute femme qui n'est plus ni très jeune, ni très jolie...
— Oh ! Madame, il ne tient qu'à vous de nous prouver le contraire...

— Irez-vous voir la baronne aujourd'hui ?
— Oh ! non... je ne suis pas assez élégant pour me présenter chez elle...

— Faut-il se faire beau ?
— Mais non, venez comme vous êtes !

Hier, soirée des plus brillantes chez la baronne de S..., qui inaugurait ses réceptions d'été.

Bal, cotillon et souper servi par petites tables. Très remarquée la toilette de la baronne, en velours amandier rehaussé d'entre-deux de valenciennes, piquée de nœuds grenat du plus charmant effet.

On ne s'est séparé que fort avant dans la nuit et en se donnant rendez-vous
pour la quinzaine prochaine.

IMPRIMÉ

PAR

CHAMEROT ET RENOUARD

19, rue des Saints-Pères, 19

PARIS

Clichés de la maison Bordier. — Coloris de la maison Greningaire.

Prix : 5 francs